L'AGRICULTURE

ET LA

LIBERTÉ

INDÉPENDANCE DES MAIRES

PAR

Le Comte L. DE SÉGUR

Conseiller général de Seine-et-Marne

Prix: 25 centimes.

PARIS,

A. SAUTON, ÉDITEUR,

8, rue des Saints-Pères, au premier.

1869.

A. SAUTON, Libraire, 8, rue des Saints-Pères,
AU PREMIER.

LES PRÉFETS ET LES MAIRES

—

LES PRÉFETS

EN TOURNÉE DE RÉVISION,

Par C. DE LACOMBE.

In-18.—Prix : 25 cent.

Envoi *franco* contre timbres-poste.

L'AGRICULTURE

ET

LA LIBERTÉ

A PROPOS DES RÉCENTES DISCUSSIONS
SUR LE CRÉDIT AGRICOLE.

—————◆—————

La grande société des agriculteurs de France, réunie en décembre dernier, a porté spécialement son attention sur une question qui préoccupe, à bon droit, les cultivateurs : celle de l'établissement d'un crédit agricole digne de ce nom, c'est-à-dire véritablement utile et pratique. Beaucoup d'esprits distingués ont apporté à la discussion leur tribut de lumières. Mais il est un côté de la question, le plus important à notre sens, qui ne pouvait recevoir tous les développements désirables dans une assemblée agricole et non politique. Heureux les pays où, dans les réunions pareilles, les orateurs sont libres de compléter leur pensée, et où la vérité peut-être exprimée sans voile, telle que la conscience la comprend !

Le crédit s'éloigne beaucoup trop souvent des agriculteurs; cela tient à un mal général et profond dont la culture devait, la première, sentir les atteintes. Si l'on n'y prend garde, les autres branches de l'activité nationale ne seront pas davantage épargnées. Ayons le courage de regarder le mal en face et d'en rechercher les causes : cet examen fera peut être entrevoir quels sont les seuls remèdes efficaces.

Quel est le vrai mal ?

L'enquête agricole a confirmé un certain nombre de faits inquiétants et déjà connus. Il suffit de les énumérer. A mesure que la culture plus perfectionnée a exigé plus de bras et de capitaux, les bras et les capitaux ont de plus en plus manqué. L'élévation des salaires n'a pas suffi à ramener vers les champs les travailleurs qui émigrent vers les villes. La gêne s'est fait sentir, surtout en dehors de la petite culture, fécondée par le travail opiniâtre et personnel des petits propriétaires. Malgré les progrès de l'art agricole, la valeur de la propriété rurale a baissé depuis vingt ans. En même temps, l'accroissement de la population se ralentit en France. Ces maux, l'optimisme le plus intrépide ne peut les contester. Ils ne sont pas incurables, à la condition d'en reconnaître clairement et courageusement les causes.

Quelle est l'origine du mal si grave de la dépopulation ?

Ce fléau frappe surtout les campagnes, et devait amener la rareté des bras dont se plaint l'agriculture.

Les documents administratifs insistent sur la diminution du nombre des enfants dans les familles. Ce fait vrai ne se présente pas avec une gravité nouvelle depuis vingt ans.

Ce qui a véritablement augmenté depuis vingt ans, c'est l'attraction des villes et la lourdeur du service militaire. M. Léonce de Lavergne, membre de l'Institut, économiste dont les agriculteurs connaissent l'autorité, a mis ces vérités en lumière dans un résumé concis et ferme de l'enquête agricole : Paris seul a retiré aux campagnes 750,000 habitants.

Pour le service militaire, cause de dépopulation que les documents administratifs évitent de faire ressortir, con-

sultons l'histoire : pendant la campagne d'Orient, en 1854 et 1855, les décès
ont dépassé les naissances , ce qui ne
s'était jamais vu.

En 1859, année de la campagne d'I-
talie, en 1861, commencement de l'ex-
pédition du Mexique, nouveau surcroît
de mortalité. Même dans les années de
paix, tant que nous tenons sur pied une
armée trop nombreuse, la mortalité est
plus forte qu'à l'ordinaire. La France a
perdu, depuis 15 ans, 500,000 hommes
dans la force de l'âge. De tout temps,
la progression de la population a suivi,
en sens inverse, la force du contingent
militaire. Avec 140,000 hommes de contingent pendant deux ans, la population
a reculé. Avec 100,000 hommes, contingent malheureusement devenu habi-
tuel, le développement en est presque
nul. La France ne peut supporter des
contingents de 100,000 hommes : il n'y
a qu'un cri à se sujet dans l'enquête, et

la saignée des contingents épuise surtout
la population rurale.

L'appauvrissement du capital agricole est dû à des raisons de même natu-
re. Comment les capitaux ne déserte-
raient-ils pas la culture de la terre,
lorsqu'ils sont attirés par des emprunts
publics gigantesques? Que de milliards
ont été se perdre, depuis quinze ans,
dans des dépenses militaires et dans des
travaux de luxe! Qui ne se souvient de
ces funestes discours sur le Mexique,
discours envoyés jusque dans les ha-
meaux pour attirer l'épargne des travailleurs dans les loteries de l'emprunt
mexicain? Aujourd'hui, on manie et on
dépense des milliards avec une facilité
qui confond la raison.

Les travailleurs des champs se font-
ils une idée précise de ces sommes énor-
mes versées chaque année par les con-
tribuables dans les caisses de l'Etat, ou

absorbés par les emprunts publics? En vérité, nous aimerions que l'on proposât des problèmes comme les suivants dans les écoles primaires, pour apprendre aux enfants l'histoire contemporaine. Que représentent d'une manière palpable, ces 4 milliards ajoutés depuis 15 ans, sous diverses formes, à la dette publique de la France, et dont la plus grande partie a été engloutie par la guerre? Comme on l'a déjà dit, ces 4 milliards, en pièces de 5 francs, occuperaient une superficie d'environ 110 hectares, ou plus de 260 arpents. Ils pèseraient 20 millions de kilogrammes. Il faudrait donc, pour les transporter, 13,333 chevaux ou 2,000 wagons. Voilà la masse d'argent que les guerres et les dépenses extraordinaires ont absorbée en sus des dépenses ordinaires des budgets.

N'est-il pas essentiel, au point de vue de l'ordre et de la richesse nationale,

d'arrêter de telles destructions de capitaux ? Avons-nous le droit de grever nos
descendants de pareilles charges ? Le
deuxième Empire a prêté bien peu
d'attention aux recommandations finan-
cières du fondateur de la dynastie ; car
voici dans quels termes Napoléon Ier
s'exprime sur les emprunts publics,
dans le préambule d'un de ses décrets :
« Ce moyen, dit-il, est à la fois immoral
et funeste. Il impose à l'avance les gé-
nérations futures, il sacrifie au moment
présent ce que les hommes ont de plus
cher, le bien-être de leurs enfants, il
mine insensiblement l'édifice public, et
condamne une génération aux malédic-
tions de celles qui la suivent. »

Si cette opinion est trop absolue, on
ne peut, en principe, contester sa sa-
gesse, surtout en face du système d'emprunts à outrance appliqué aujourd'hui.

L'agriculture devait souffrir la première. C'est sur la terre et les produits de la terre que retombent presque tous les impôts. L'agriculture paie sous toutes les formes : par l'impôt foncier, par l'impôt des mutations d'immeubles, par les impôts indirects qui frappent sur la plupart de ses produits, par l'octroi à l'entrée des villes. Elle porte à elle seule les trois quarts du fardeau.

Obligée, en outre, de faire des sacrifices de tout genre pour maintenir la marche de ses progrès, elle est privée, chaque jour de plus en plus, des deux éléments essentiels de sa prospérité : les bras et les capitaux. En vérité, elle a reçu tant de coups que, si un fait doit nous étonner, c'est son incroyable vitalité. Et ce n'est pas un médiocre titre de gloire pour nos cultivateurs d'avoir tenu si haut, au milieu de tant d'épreuves, le drapeau de la culture française. Voyant les progrès accomplis, on ne

peut songer, sans douleur, aux progrès
empêchés.

Nous croyons avoir signalé les gran-
des causes d'appauvrissement pour la
culture. Si elles viennent à disparaître
ou même à s'atténuer sensiblement, des
institutions de crédit agricole, utiles et
pratiques, se fonderont sans peine.
Dans les pays où les finances de l'Etat
sont en équilibre, où les entreprises
aléatoires ne reçoivent pas les encoura-
gements du gouvernement, où les emprunts publics n'absorbent pas l'épargne, l'argent suit sa pente naturelle
vers les placements agricoles. Alors, la
discussion sur la meilleure forme de
crédit agricole à instituer prend un intérêt immédiat et pratique.

Avant tout, il faut donc guérir les
plaies par où s'échappent l'argent et le
sang des agriculteurs. Puisqu'on a voulu
créer une garde mobile considérable,

n'aurait-on pas dû donner, comme compensation, une réduction des contingents de l'armée permanente? Cette efficace mesure, nous la croyons sans danger. Malgré la politique qui a secondé l'unification de l'Allemagne, aucune puissance européenne ne menace notre sécurité intérieure ; aucune n'a oublié la vieille gloire de la France.

Dans l'intérêt de la défense nationale, est-ce fortifier le pays que d'arrêter les progrès de la population et de diminuer pour l'avenir le nombre des soldats? La réduction du contingent militaire hâterait, sans nul doute, l'équilibre digne de ce nom, c'est-à-dire obtenu en dehors des ressources factices et trompeuses créées par les emprunts incessants. Cet équilibre atteint, nous aurions moins longtemps à attendre d'autres soulagements aussi nécessaires pour la culture.

Des dégrèvements d'impôts sont partout réclamés dans l'enquête. Et c'est justice ; le gouvernement ne le nie pas. Les plaintes les plus vives portent sur l'impôt des mutations. Si les droits étaient réduits sur les ventes, les successions, les échanges et autres opérations semblables, le fisc lui-même n'y perdrait pas ce qu'on pense. Beaucoup de transactions qui échappent aujourd'hui à l'impôt n'auraient pas le même intérêt à s'y soustraire.

L'expérience, du reste, a été faite dans des pays assez heureux pour avoir un budget présentant des excédants de recettes. A chaque dégrèvement la recette décroît d'abord, puis elle se relève, et la plupart du temps la perte est réparée avec usure. Mais quand le budget se solde en déficit avoué, ou déguisé par des emprunts, ces expériences de dégrèvements si utiles, je dirais même si glorieux pour un gouvernement, se trouvent ajournées.

Nous n'en devons pas moins tendre tous nos efforts vers ces progrès. Sans eux, point de prospérité assurée pour la culture dans l'avenir, point de crédit agricole efficace. Il faut, on le voit, que la fermeté politique vienne au secours des efforts et des souffrances des agriculteurs.

Pour obtenir de tels biens, il n'y a pas de révolutions à faire, il n'y a qu'à se servir des droits reconnus par la Constitution pour élire des représentants en communauté de cœur et d'intérêts avec les populations agricoles, des représentants dont les mains ne soient ni liées, ni défaillantes pour leur défense.

Les pratiques administratives, l'appel impérieux fait aux fonctionnaires de tous rangs pour appuyer les candidatures officielles, ont pu donner le change sur les droits et les devoirs des citoyens. Mais la gravité de la situation

actuelle commence à faire ouvrir les
yeux. A qui profite un pareil système ?
Est-ce aux intérêts du pays? Est-ce au
prestige du pouvoir ? Que l'on juge
l'arbre par ses fruits ! Des élections les
plus conformes aux vœux de l'administration sont sortis, depuis quinze ans,
les plus gros budgets , les plus grands
déficits, les plus lourds contingents
militaires que la France ait connus depuis 1815. Aucun avocat des candidatures officielles nepourrait le contester.

Montesquieu a dit ce mot profond :
« L'agriculteur ne fleurit que dans les
» pays de liberté. » Les laboureurs ont
droit à une plus grande et plus libre
part dans la direction des destinées na-
tionales. L'agriculture , la première, la
plus répandue de nos industries, peut-
elle vouloir quelque chose qui ne soit
pas conforme à l'intérêt du pays ? Les
populations des campagnes n'ont-elles

pas toujours donné à l'ordre assez de preuves de dévouement ?

Qu'on laisse donc les cultivateurs choisir spontanément leurs députés au Corps législatif, où se décide l'usage que l'on fera de leur sang et de leur argent. Personne ne perdra au change : ni l'administration qui cessera e'être en butte à des critiques trop justifiées, ni les cultivateurs, qui n'ont pas besoin qu'on leur présente des candidats officiels pour faire des choix honnêtes et patriotiques.

L'agriculture ne peut se contenter aujourd'hui de ces promesses vaines, de ces marques d'intérêt stériles dont les gouvernements sont trop souvent prodigues. Elle aura fondé le vrai crédit agricole et fermé l'ère des déceptions, le le jour où, usant de ses droits, elle aura placé auprès du pouvoir un contrôle assez éclairé pour le seconder franche-

ment dans la voie du progrès libéral ,
assez ferme pour lutter contre les dépenses et les armements exagérés.

Louis de Ségur,
Membre du Conseil général
de Seine-et-Marne.

INDÉPENDANCE

DES MAIRES

———

Dans les campagnes comme dans les villes, on discute aujourd'hui une question d'un intérêt pressant à la veille des élections générales, la question de l'indépendance des Maires vis-à-vis du Pouvoir. Par quelle erreur de raisonnement beaucoup d'esprits ont-ils pu s'habituer à croire que le Maire est tenu de subir et d'appuyer les candidatures administratives? Il importe que la confusion des idées soit dissipée sur un sujet qui touche à la pratique sincère du suffrage universel et à l'honneur de la magistrature municipale.

Les fonctions de Maire sont dignes de respect. Elles demandent, pour être bien remplies, de rares qualités, la droiture, la fermeté, le dévouement. Le Maire se consacre gratuitement au service de ses concitoyens et nul fonctionnaire ne contribue plus que lui au bien public.

A certains points de vue les attributions du Maire ont, dans un pays démocratique, une véritable supériorité sur celles du Préfet.

On ne saurait choisir un Maire arbitrairement. Il doit tenir son pouvoir du vœu de ses concitoyens. L'imperfection de notre législation permet, il est vrai, soit de prendre le Maire en dehors des conseils municipaux, soit de donner à ses fonctions une durée excédant celle du mandat de conseillers. Mais l'opinion publique et la raison imposent une ligne de conduite plus sensée. Le Maire doit être le représentant de sa commune.

Qu'il soit injustement destitué, ses liens avec la localité ne sont pas brisés, et souvent l'influence de l'homme s'en accroît. Le Préfet, au contraire, ne représente pas ses concitoyens. A peine éloigné, il devient étranger au département.

Tout concourt donc à rehausser la dignité des fonctions de Maire. Mais si l'on veut qu'elles excitent, comme c'est désirable, l'ambition des bons citoyens, il faut éviter tout ce qui peut porter atteinte au prestige de ces fonctions et ne pas demander aux Maires de jouer un rôle que ni le bon sens ni la loi ne justifient.

Qu'on nous montre la loi qui permet de transformer les Maires en agents électoraux! Beaucoup de Maires n'admettent pas aujourd'hui qu'on leur attribue ce rôle. Les exemples d'indépendance se multiplient. Récemment, pour n'en citer qu'un seul, extrait du *Moniteur*, le Maire de Flacé, ayant reçu du Préfet de Saône-et-Loire des placards à afficher en faveur du candidat officiel, demanda un ordre formel et par écrit, basé sur des textes de loi ou des règlements d'administration publique. Le Préfet, ainsi mis en demeure, ne put que se borner à une simple prière de faire apposer les affiches.

Rien dans notre législation ne justifie la pression que l'on a trop souvent exercée sur les Maires. Nos Codes, au contraire, semblent entourer l'indépendance de ces honorables magistrats des soins les plus jaloux. La loi va jusqu'à les protéger contre eux-mêmes, c'est-à-dire contre les entraînements et les passions que le spectacle de la lutte peut faire naître dans le cœur humain. En

effet, toutes les peines qui ont pour but
de garantir la liberté électorale, devien-
nent doubles quand le coupable est
fonctionnaire public.

Les lois établissent donc l'indépendance du Maire. Les convenances l'exi-
gent également. En acceptant l'écharpe
municipale, doit-on abdiquer son libre
arbitre, ses droits d'homme et de ci-
toyen? Subira-t-on une contrainte à la-
quelle les fonctionnaires, même rétri-
bués, ne peuvent être assujettis? Le
Maire doit-il se servir de son autorité
pour nuire à la liberté électorale qu'il
est chargé de protéger?

Qui peut soutenir une pareille théorie?

Nul fonctionnaire n'est tenu de voir un ennemi de l'ordre établi dans un candidat que poursuivrait une politique aveugle. L'opinion publique penche plutôt aujourd'hui du côté des hommes dévoués à l'ordre et ennemis des bouleversements, mais indépendants de l'administration actuelle, comme de tout autre parti, et résolus à défendre les intérêts du peuple. Beaucoup de Maires auront assez de patriotisme et de lumières pour préférer l'indépendance consciencieuse à l'approbation systématique qui perd les gouvernements. Comme citoyens, ils ont le droit de donner leur vote à qui bon leur semble : comme Maires, ils ont le devoir de garantir la liberté électorale.

A un autre point de vue, celui de la bonne administration et de la paix des communes, est-il sage de pousser les Maires vers l'arène ardente des passions électorales ?

Dans une commune, image d'un Etat, la gestion municipale est discutée, combattue ; c'est le sort inévitable de tout pouvoir et on ne saurait s'en plaindre. La discussion, c'est la lumière et l'honnêteté. Mais administrer, n'est-ce pas souvent faire des mécontents ? Est-il censé de pousser le Maire à multiplier les difficultés de son administration, en le forçant à quitter son rôle naturel et légal de magistrat pour celui de combattant. Sa tâche d'administrateur était déjà lourde, le régime des candidatures officielles la rend plus pesante encore. Et dans un temps où le suffrage universel veut prendre la libre possession de lui-même, ce régime porte une grave atteinte au prestige de l'autorité municipale.

La question de l'indépendance des Maires n'a jamais été discutée dans les Chambres, sans mettre à une épreuve redoutable les avocats des candidatures officielles. Entraînés par l'évidence et la raison, les Ministres ont même prononcé de bonnes paroles qui sont des promesses peut-être.

Nous reproduisons textuellement l'incident parlementaire suivant (*séance du 2 juillet* 1868.)

« M. Thiers. — Est-il vrai que dans
» une administration bien entendue, M. le
» Ministre de l'intérieur commande aux
» préfets et que les préfets commandent
» aux sous-préfets? Est-il vrai que les uns
» et les autres donnent des ordres, qui
» sont toujours fort obéis, à MM. les Mai-
» res; il y a ici des membres du Conseil
» d'Etat; qu'ils me disent : oui ou non.

» Son Exc. M. Rouher, ministre
» d'Etat. — Non.

» M. Thiers. — M. le Ministre me ré-
» pond : Non!

» M. le Ministre d'Etat.—CE N'EST

» PAS TOUJOURS VRAI POUR LES
» MAIRES QUI ONT DES ATTRIBU-
» TIONS PROPRES; ET LES PRÉ-
» FETS NI SOUS-PRÉFETS, DANS CE
» CAS, N'ONT RIEN A LEUR COM-
» MANDER.

» M. Thiers.—Oui, mais vous pouvez
» les destituer.

» M. Ernest Picard. — Il faudrait les
» faire nommer par les électeurs.

» M. Thiers. — Eh bien, soit! Les
» Maires sont indépendants; nous pour-
» rons en juger dans quelques mois. Ils
» sont, je crois, 37,000 en France; JE
» LES SUPPLIE D'ÉCOUTER CES
» PAROLES : « LES MAIRES SONT
» INDÉPENDANTS! » (Rires et appro-
» bation à gauche de l'orateur.)

» M. Jules Favre. — Nous verrons
» cela aux élections.

» M. le Ministre d'Etat. — OUI,
» J'ESPÈRE QU'ILS VOUS LE PROU-
» VERONT. »

Nous souhaitons que l'espérance de
M. le Ministre d'Etat se réalise. Le respect de l'indépendance des Maires sera,
de la part du Gouvernement, à la fois un
juste hommage rendu à la dignité de
leurs fonctions et un acte de bonne politique.

Louis de Ségur,

Membre du conseil général de Seine-et-Marne.

Paris.— Typogr. de E. Brière, 257, rue Saint-Honoré.

A. SAUTON, Libraire, 8, rue des Saints-Pères,

AU PREMIER

LES FINANCES

ET

LE MONOPOLE DU TABAC

Par M. DE JANZÉ

Député des Côtes-du-Nord.

Grand in-8° à 2 colonnes. — Prix: 1 fr. 25.

Envoi *franco* contre timbres-poste.

A. SAUTON, Libraire, 8, rue des Saints-Pères,

AU PREMIER.

ÉTUDES SUR L'ANGLETERRE

LES ÉLECTIONS DE 1868

ET

LE CABINET GLADSTONE

Par ÉDOUARD HERVÉ

In-12. — Prix: 3 fr. 50.

Envoi *franco* contre timbres-poste.

www.ingramcontent.com/pod-product-compliance
Lightning Source LLC
Chambersburg PA
CBHW060756280326
41934CB00010B/2504